AF359252

AUTOUR DE L'EUROPE

AUTOUR DE L'EUROPE

Notes de voyage

PAR

Le Dr PAUL AUBRY

PARIS

A. DUPRET, ÉDITEUR.

3, RUE DE MÉDICIS, 3.

1888

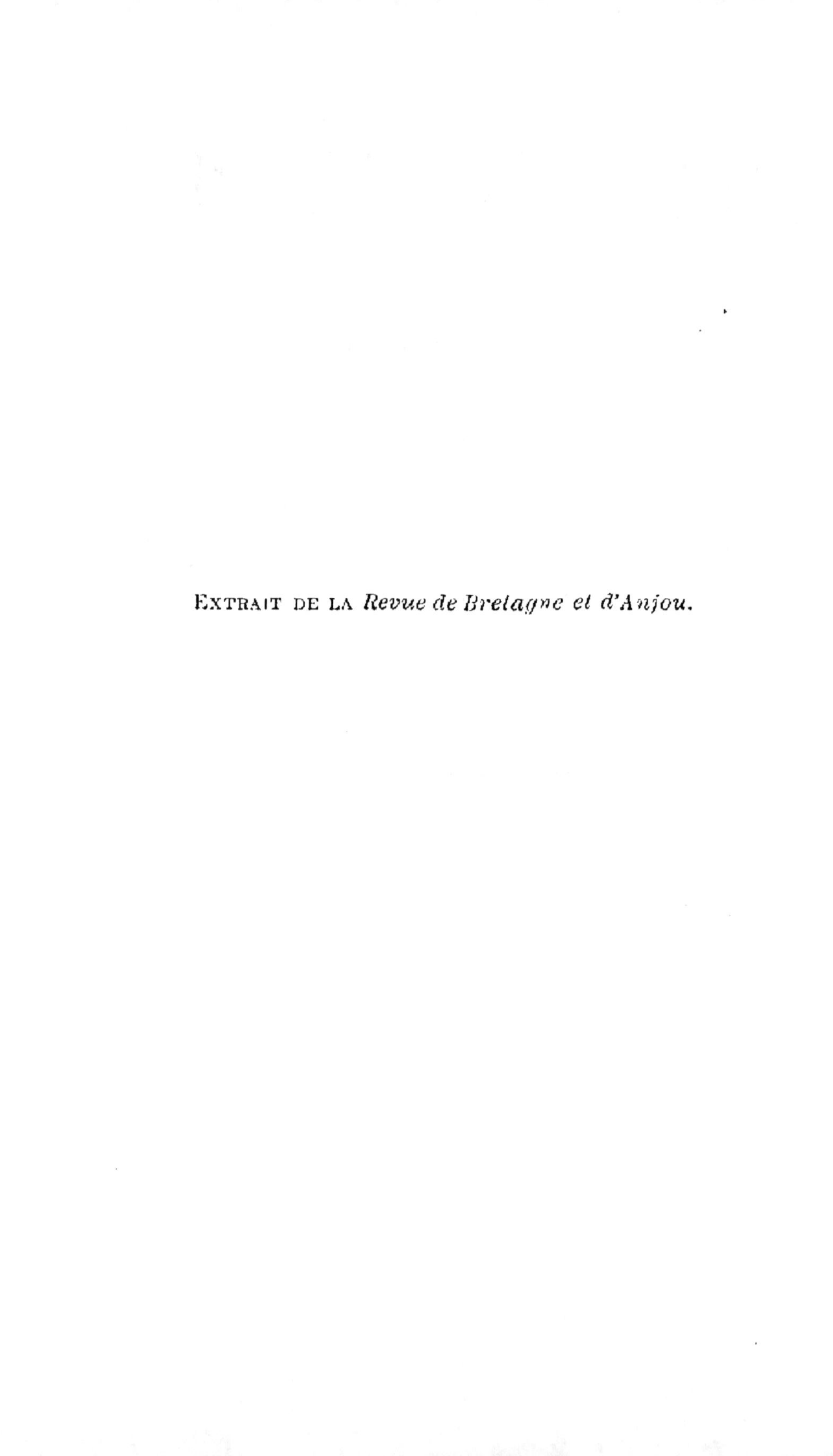

A MONSIEUR E. DE JOANNÈS

Ingénieur des mines,
Membre du Conseil de la Société de géographie
commerciale de Paris,

Dont l'expérience et les conseils pour le beau voyage, que
nous avons entrepris, nous ont été d'un si grand secours.

Hommage affectueux,

Dr Paul AUBRY.

AUTOUR DE L'EUROPE

Notes de voyage

I

A bord du Constantin.
Golfe de Finlande, 18 juillet 1887.

Mon cher Directeur,

Vous avez bien voulu me demander quelques notes sur le voyage que j'entreprends en bateau autour de l'Europe. Ce mode de locomotion et notre itinéraire peuvent sembler étranges au premier abord, mais en y réfléchissant, vous verrez au contraire combien cette promenade devient séduisante. Il est bien entendu que nous sommes légèrement éclectiques et que nous savons, lorsque cela est nécessaire, abandonner le confort du paquebot, pour la poussière, les secousses et les buffets des chemins de fer. Nous rendre au Havre, notre point de départ, aller à Hambourg, sur un bateau français, traverser en chemin de fer le Schleswig ; un des Belts, de Kiel à Korsör, en bateau ; la grande île de Seeland en chemin de fer ; reprendre la mer à Copenhague, pour aller de la capitale du Danemark à Stockholm ; de cette dernière ville en Finlande, à Abo et à Helsingsford, en Finlande, et enfin à Saint-Pétersbourg, telle est la partie de nôtre voyage qui est sur le point d'être accomplie.

1.

Nous gagnerons alors Moscou et Nijni-Novogorod en chemin de fer, puis nous descendrons la Volga ; nous traverserons la mer Caspienne ; nous longerons en chemin de fer les montagnes du Caucase ; nous traverserons la mer Noire ; nous visiterons la Crimée ; nous remonterons le Danube aussi loin que faire se pourra, enfin nous reviendrons à Paris, notre point de départ.

Nous nous sommes adressés à l'agence Cook, qui *vend* des voyages, pour avoir quelques renseignements sur les prix de passage. Il nous fut répondu que ce voyage était impossible. Aussi jugez de notre étonnement, lorsque nous avons reçu un numéro de son journal donnant, ville par ville, notre itinéraire. Ces pauvres Cooks partiront prochainement accompagnés d'un barnum, qui leur fera voir toutes les curiosités locales, et qui probablement les exposera comme animaux exotiques aux yeux des indigènes ébahis.

Si vous attendez d'un touriste la description, à la Joanne, de toutes les cités traversées, gardez-vous de lire ces notes : elles ne contiennent que quelques anecdotes, quelques impressions jetées à la hâte sur le papier.

Nous n'avions, ni les uns ni les autres, jamais été en Allemagne, et l'impression que l'on éprouve en traversant les rues de Hambourg, où l'on se sent suivi, espionné, suspect au milieu de ce peuple militarisé, est réellement pénible pour un cœur français. Est-ce contre cela que réagissait l'esprit du gros D..., lorsque, pendant notre dîner, il s'est mis à fredonner, très bas heureusement, et sans en avoir conscience, une chanson qu'il n'avait pas entendue depuis nombre d'années ?

> Vous avez pu germaniser la plaine,
> Mais notre cœur, vous ne l'aurez jamais !

A Copenhague, ville fort pittoresque en certains points, on admire plusieurs vieilles maisons analogues à celles d'Amsterdam, la Bourse, le Musée Thorvalsen, où l'on a réuni la majeure partie des œuvres de ce maître et de forts beaux jardins publics. Nous avons eu la bonne fortune de rencontrer l'Aviso français *la Mouette*, dont nous connaissons plusieurs officiers. On complète les présentations et nous partons en masse imposante pour Tivoli. Ne criez pas schoking, et surtout ne vous scandalisez pas. Cet établissement n'a rien d'analogue avec ce que l'on rencontrerait sous un pareil titre en France. Je ne trouve à Paris rien avec quoi on puisse le comparer. Me voilà donc condamné à une description.

Figurez-vous un jardin clos ayant au moins la grandeur du Luxembourg, l'entrée est de 50 öre, environ 75 centimes. Partout des becs de gaz, dans les parterres, à la hauteur des arbres ; la lumière électrique est répandue à profusion. A cette époque de l'année c'est du luxe, car le soleil se couche vers 8 h. 1/2 et à 11 h., heure de la fermeture, il fait encore très suffisamment jour pour voir l'heure d'une montre. Dans l'enceinte, se trouvent plusieurs restaurants, des concerts, un théâtre, un petit coin de la foire de Neuilly, avec tous les engins habituels pour donner aux populations le mal de mer, un labyrinthe dans lequel on se perd réellement, des jeux divers, et dans un lac, un bateau moyen âge, servi par des garçons en costume du temps. Toute la population de Copenhague, toutes les classes de la Société, se rendent en masse à Tivoli ; quand le concert est fini en un point, la foule se porte avec rapidité là où un nouveau spectacle va commencer, et cela depuis 4 h. de l'après-midi, jusqu'à 11 h. du soir.

La grande attraction de ce petit paradis, dans lequel, une mère, sans danger, peut conduire sa fille, est la *pantomime parlée* (tel est le titre officiel). Le théâtre, comme celui de nos cafés-concerts des Champs-Elysées, est seul couvert. Ce genre de représentation, où l'on fait beaucoup de gestes, mais pas rien que des gestes, car on y dialogue, on y chante, passionne absolument la population. Nous étions là depuis un instant essayant, de comprendre l'intrigue, lorsqu'une actrice s'avance, tenant à la main un petit ballon de caoutchouc; après avoir causé un instant à droite et à gauche, savez-vous ce qu'elle se met à chanter, en danois, s'il vous plaît et fort gentiment ?

> Sur le bi, sur le banc,
> Sur le bi du bout du banc !

Le refrain a été dit en français.

Elle reprend son dialogue quelques minutes, puis entonne avec beaucoup de conviction, pendant que défile sur la scène un régiment de fantoches militaires âgés de six à dix ans, revêtus d'un superbe costume rouge :

> En revenant de la Revue.

Ces deux merveilles de notre littérature moderne sont fort goûtées des Danois, car les applaudissements ne cessent de se faire entendre aussi nourris pour le *bout du banc* que pour le *brave général Boulanger*.

Mais Copenhague ne nous retiendra pas plus longtemps, nous sortons du port, en saluant le pavillon français de la *Mouette*, et, nous arrivons par un temps superbe à Stockholm, la Venise du Nord. C'est une ville magnifique, très uniforme et par conséquent un peu monotone. On regarde volontiers en France les Scandinaves comme des peuples arriérés. Un petit fait, entre mille, suffirait à faire voir combien cette idée est erronée. En certains points le ciel est obscurci par les fils téléphoniques. Je n'exagère pas, n'étant pas de Marseille. Presque tous les habitants ont un abonnement pour le prix de 70 fr. par an. Beaucoup de villas et de *restaurations* des environs sont reliées à la ville par ce moyen rapide de communication. Un trait de mœurs bizarre, honni soit qui mal y pense, se voit dans les bains des hommes. Le service se fait par des femmes... d'une honorabilité parfaite.

La réputation de l'hospitalité que les Suédois savent offrir n'est plus à faire, cependant je croirais manquer à la plus vulgaire politesse, si je ne parlais de la façon dont m'a reçu

M. Hédin, un savant universellement connu, pour lequel mon excellent ami Lionel Radiguet m'avait donné une lettre d'introduction. A 9 heures du matin, nous attendait à la porte de l'hôtel une victoria grande remise, avec un cocher tout galonné d'or. A ma grande confusion, comme si j'avais été quelqu'un, j'ai toujours dû accepter la place d'honneur dans la voiture. M. A. Seberg nous accompagnait.

Il y a quelques années, le Dr Arthur Hazelius, créait à ses frais une collection d'antiquités scandinaves ; elle a été enrichie de dons particuliers, et est aujourd'hui subventionnée par l'Etat. Elle doit, je crois, faire retour à la ville dans quelques années, si ce n'est déjà fait. Un palais spécial sera construit, construction bien nécessaire, car aujourd'hui les collections sont entassées dans plusieurs salles, non seulement ne communiquant pas entre elles, mais même placées à de grandes distances. Ce musée renferme tous les instruments de ménage, dont se servaient les anciens Scandinaves. Beaucoup de ces objets sont disposés comme dans un musée ordinaire, mais le plus grand nombre est réparti d'une façon beaucoup plus intelligente : une série de salles représentant un intérieur avec les personnages en cire vêtus des différents costumes, qui ici, comme dans notre Bretagne, tendent de plus en plus à disparaître : les meubles sont à leur place, les murs sont décorés comme ils l'étaient réellement : bref, avec ce musée ethnologique on se rend complétement compte d'un intérieur de paysan, tel qu'il était il y a quelques siècles. Quand nous aurons dit que les Dalécarliennes, les seules femmes de toute la Suède, qui aient conservé le costume national, servent de cicérones, on comprendra l'esprit qui a présidé à l'installation de ce très intéressant musée.

Des quais de Stockholm partent une quantité de petits bateaux à vapeur desservant cette côte si pittoresque. Nous nous sommes rendus une fois à la maison de campagne occupée actuellement par la reine. On sait qu'un médecin suédois lui a fait, il y a quelques mois, une ovariotomie. Pour revenir, après une course fantastique à travers les bois. nous nous sommes perdus complètement. La providence s'est présentée à nous sous la forme d'un cocher compatissant, qui nous a remis dans la bonne route.

Au dîner, égayé par les meilleurs vins de France, après les *scold* d'usage (à votre santé, plusieurs toasts ont été portés à la Suède et à la France. Je ne veux en retenir qu'un. M. Seberg, en se tournant vers moi : « je bois au second pays du monde. » Comme ma figure a exprimé alors ce que les littérateurs de petits romans traduisent par :

— ..... ?

il ajouta : « les Suédois trouvent que leur pays est le premier du monde, et la France le second. Les Allemands disent : si je n'étais Allemand, je voudrais être Français, et ainsi de tous les peuples. Devant cet accord unanime à placer la France au deuxième rang, ce ne peut être que la première nation du globe : à la France ! »

Il était déjà tard quand nous nous sommes séparés, mais il faisait encore grand jour. — Vive la France ! ont dit, ces messieurs, et c'est de tout cœur que j'ai répondu : Vive la Suède !

Dr PAUL AUBRY.

P. S. Ma première lettre sera de Russie. je ne vous dirai rien de la traversée de Stockholm à Abo au milieu de ces innombrables îles de l'Archipel Aland, rien des villes de Finlande que je viens de visiter : elles sont aussi civilisées que Stockholm.

II

31 juillet 1886.
Sur la Volga, à bord du « Général Kauffmann ».

Au loin on aperçoit les innombrables coupoles de Saint-Pétersbourg ; nous passons devant Cronstad ; les préparatifs

du départ se font ; chacun cherche les compagnons de
route dont il a fait la connaissance, pour leur serrer la
main, et leur dire, avec une étonnante conviction, qu'il désire
les retrouver. Voici tout d'abord une famille américaine : le
père qui n'a en rien l'aspect d'un yankee, est un vieillard
fort aimable, mais qui ne sait pas un mot de français : il
est parti de Chicago avec sa femme et ses enfants pour leur
faire visiter les capitales de l'Europe ; la mère est une jeune
femme, avec les cheveux presque gris, grande, mince (je n'ai
pas dit maigre), une démarche et une allure de reine ; et
deux garçons d'une dizaine d'années, qui parlent déjà trois
ou quatre langues. A côté des Américains un Philémon et
une Beaucis de race anglaise. Ces insulaires, quand ils se
mettent à être ridicules, abusent de la permission : le mari
avec sa barbe de fleuve, a deux chapeaux de feutre gris, qu'il
porte continuellement l'un sur l'autre, entourés d'un large
voile blanc; la femme est une grasse Anglaise, habillée,
Dieu sait comme, mais, dit le poëte :

A s'rattrapait sur la cassiette

une de ces affreuses casquettes en drap, à oreillères, se ra
battant à volonté. Expliquez cela comme vous voudrez, mais,
un jour, l'Américaine, s'est affublée d'un semblable couvre-
chef, et, ainsi coiffée, elle était out simplement ravissante.

Saint-Pétersbourg est une ville toute neuve, aux larges
voies, aux nombreux fleuves et rivières. La Neva coule ma-
jestueuse et limpide, devant une série de palais, au milieu
desquels on remarque l'ambassade de France, où j'ai eu
l'honneur d'être reçu par M. de Laboulaye. La Neva est un
des seuls fleuves du monde qui traîne ses eaux d'une irré-
prochable limpidité, avec des reflets d'argent. De tous côtés
l'on aperçoit des dômes dorés, des aiguilles d'or ; l'or est ré-
pandu à profusion sur les églises. L'intérieur n'est que de
l'or. Vous avez vu ces images religieuses représentant un
Christ, par exemple, dont la tête et les mains seules, sont

peintes, le reste : l'auréole, les vêtements sont en or, en argent, ciselé, repoussé, entouré de pierres précieuses. La plupart des églises en sont littéralement tapissées. Les rues contiennent également une grande quantité d'images analogues, devant lesquelles, de même que devant les églises, on ne passe jamais sans se découvrir et sans faire une multitude de signes de croix dont la quantité rachète la qualité, car le plus souvent ils sont très estropiés. Nous autres Français, très mécréants de notre nature, nous sommes fort étonnés de rencontrer ces images dans les banques, restaurants, cafés, etc.

Sans les coupoles d'or et les cochers on se croirait dans une capitale quelconque de l'Europe. Ah! les cochers! Ils sont revêtus d'une grande houppelande qui leur tombe jusqu'aux pieds, croisée sur la poitrine et très rembourrée à la partie correspondant au siége de la voiture. Leurs chapeaux sont à poil, à bords très relevés. Ils sont coniques, à grande base supérieure. Tous les cochers, aussi bien ceux des élégants attelages, que ceux des modestes voitures de place ont cette tenue. Par les grandes chaleurs cette houppelande peut paraitre superflue, mais elle n'est pas, au moins la partie rembourrée sans utilité. Nous avons vu, en effet, un voyageur manifester son mécontentement en appliquant vigoureusement l'empreinte de son pied sur la partie la plus capitonnée de ce vêtement. Nous ne voulons pas, de ce petit fait, tirer des conclusions trop rigoureuses, comme ce voyageur, qui raconte que dans une île tous les habitants sont bossus, parce que la première personne rencontrée était affligée de cette infirmité.

Les voitures, appelées droiski, ont été certainement inventées par de jeunes mariés. Elles sont très basses, n'ont ni dossier, ni capote, par contre, il est presque impossible d'être deux dans ces véhicules, sans passer la main autour de la taille de sa voisine ou de... son voisin! A Moskou, elles ont une capote. Finissons-en de suite avec les moyens de transport par terre. Les omnibus et tramways ne ressemblent pas à ceux de Paris, mais se retrouvent dans certaines villes de France.

Ce que je n'ai vu nulle part ailleurs, c'est une espèce d'omnibus à huit places, qu'on prendrait plus volontiers pour un corbillard que pour une voiture de vivants. C'est une affreuse caisse, ouverte sur les côtés, basse sur roues ; les voyageurs s'y mettent quatre de chaque côté, dos à dos. Les couleurs des coussins sont voyantes, rouges ou jaunes. Il n'y a bien entendu ni portes ni fenêtres. Le harnachement des chevaux de ces omnibus ressemble à ceux de toutes les droiski : Au-dessus du collier un demi-cercle, ou plutôt une demi-ellipse en bois réunit les deux brancards et sert à maintenir la fausse bride.

En Russie, presque tout le monde parle français et il est bien rare que l'on n'arrive pas à se faire comprendre. Cependant, dans un des hôpitaux que je suis allé visiter, j'avais fait passer ma carte à un Monsieur, probablement très distrait, car, après l'avoir lue, il se présenta à moi en me parlant russe. Je lui dis que je ne comprends pas « neponimaiou », qu'on prononce à peu près « ni plus ni moins », je risque alors les quatre ou cinq méchants mots d'allemand, que je crois savoir, et pendant un quart d'heure au moins, nous nous escrimons à essayer de nous comprendre. Au bout de ce temps, je suis fort étonné de l'entendre dire dans le français le plus pur : « Mais vous parlez peut-être français ? »

A propos de linguistique « crayon » se dit en russe : Caran d'Ache, pseudonyme russe de notre spirituel caricaturiste. Telle est du moins la prononciation.

Mais le temps s'avance, il faut gagner Moscou, chose pénible à faire par le chemin de fer. Les wagons sont confortables ; ils renferment trois rangées de fauteuils que l'on peut allonger pour s'étendre la nuit. Mais tout cela ne vaut pas une bonne couchette de bateau.

Enfin, voici Moscou !

Le Kremlin, vous le savez, est la vieille ville fortifiée, il

contient un grand nombre d'églises, des palais, un bazar, etc.
La première chose à faire en arrivant dans la vieille capitale de la Russie est de monter sur la tour d'Ivan pour jouir de ce coup d'œil féerique. L'impression ressentie alors est une illusion singulière : on se croirait au milieu d'une immense prairie, coupée de cours d'eau, parsemée de dômes d'or et de quantité de petites taches blanches. L'illusion est de très courte durée, mais est réelle, elle provient de ce que la plupart des toits sont recouverts de tôle peinte en vert. Mais alors on voit se dérouler sous les yeux cette ville immense qui, dit-on, possède quarante fois quarante églises, bien que jamais on n'ait pu en trouver plus de quatre cents. La Moscova coupe la ville et étend au loin son cours capricieux. A l'horizon, quelques légères collines, entre autres la célèbre colline des Moineaux ; plus près et presque à nos pieds l'enceinte fortifiée, dans laquelle on voit s'agiter une multitude de moujicks revêtus de leurs chemises rouges. A la base de la tour gît, aujourd'hui brisée, la gigantesque cloche plusieurs fois refondue.

La colline des Moineaux, à laquelle on arrive après un parcours de 25 minutes, sur la Moscova, est la colline, d'où, d'après la légende, Napoléon montra Moscou à ses troupes. En réalité, ils s'y est rendu, mais c'est d'un point beaucoup plus éloigné, que nos armées virent pour la première fois la ville sainte. Vu de ce point, Moscou perd un peu de son cachet extraordinaire.

Les Russes sont un peuple éminemment chevaleresque, ils ont oublié l'invasion de la Russie, ou plutôt le mal que fait toujours une armée envahissante. Ils font, il est vrai, tous les ans une procession solennelle en souvenir du départ des Français de Moscou ; mais somme toute, ils semblent admirer ce qu'il y avait de crâne à porter la guerre dans une région aussi reculée. Dans leur trésor, au milieu de leurs antiquités historiques et des présents envoyés depuis Pierre le Grand par tous les souverains de l'Europe et de l'Asie, on admire une magnifique statue en marbre de Napoléon Ier,

Dans une autre salle, à côté des anciennes voitures de gala, deux modestes lits de fer, avec les draps et les couvertures : ce sont ceux dans lesquels a couché Napoléon I⁰ʳ pendant la campagne de Russie.

En face de la colline des Moineaux, se trouve le monastère des Vierges, couvent fortifié, dans lequel Napoléon avait l'intention de se défendre. Il avait, dans ce but, garni de canons les créneaux. Nous étions accompagnés dans notre visite par un de nos savants confrères de Moscou, qui dirige un hôpital d'incurables. Il nous présente à l'abbesse, qui a des liens de parenté avec les premières familles de Russie, c'est dire qu'elle parle le français mieux qu'un Français. Elle est toute vêtue de noir et porte sur la tête une sorte de bonnet en pain de sucre, garni de fourrures à sa partie inférieure. Un voile s'en détache, qui recouvre la nuque, les oreilles et le cou. Une chaîne de cuivre et une croix pendent sur sa poitrine. Elle nous fait admirer des merveilles faites par ses novices : des mouchoirs brodés destinés à l'impératrice et aux grandes duchesses. Ils leur seront offerts à leur première visite. La confection de celui de l'impératrice a demandé un an. Les ouvrières, pour ne pas trop se fatiguer les yeux, n'y travaillent chacune que deux heures de suite.

L'abbesse, sachant qu'elle avait devant elle des Français, c'est-à-dire des gourmets, voire même, trop souvent hélas ! des gourmands, nous a offert une assiette de fruits, aussi beaux sans doute que ceux rapportés de Chanaan, et ayant sur ces derniers l'incontestable supériorité d'avoir été mangés par nous. En passant, une petite recette culinaire : dès que les fruits sont cueillis, mettez-les dans une boîte entourée de glace de toutes parts. Ils se conserveront admirablement par les plus fortes chaleurs et acquerront même un goût et une fraîcheur particulière. C'est ainsi que nous les avons mangés à Moscou.

De Moscou à Nijni-Novgorod, il faut encore se résoudre à

voyager en chemin de fer (1). Faisons contre mauvaise fortune bon cœur, sur la Volga nous allons nous rattraper. La célèbre foire commence le 27 juillet (style grégorien), mais, en réalité, les affaires ne commencent qu'une quinzaine de jours plus tard. La ville est sur la rive droite de l'Oka ; elle est réunie au champ de foire par un immense pont de bois. A part quelques barraques de bois, construites pour la foire seulement, la ville marchande est formée d'une série de rues, au cordeau, bordées de petits magasins dans lesquels se font la plupart des transactions entre l'Europe et l'Asie. D'un côté la création de certains chemins de fer, d'autre part la facilité des relations par mer, entre la Chine et l'Europe ayant augmenté, la foire avait perdu beaucoup de son importance. Depuis deux ou trois ans cependant, à cause probablement des récentes conquêtes russes en Asie, elle a retrouvé son ancienne splendeur.

Quoique nous n'ayons assisté qu'au début, il est difficile d'évaluer la quantité de marchandises de toutes sortes qui y sont déjà accumulées, mais ce qui est plus pittoresque et nous intéresse davantage, c'est la réunion de tous ces Tartares, Persans, Arméniens, Turcs, au milieu des Russes ; ce sont ces visages noircis, ces barbes blanches, ces têtes si caractéristiques des Orientaux qui nous font regretter, une fois de plus, de ne pas savoir tenir un pinceau pour saisir au vol, passez-moi l'expression, ces mille tableaux, qu'on ne retrouve qu'en Orient, et qui font que c'est toujours vers le soleil levant que les peintres iront chercher leur inspiration.

Le soir, les rues sont désertes, il n'y a que les veilleurs de nuit, chargés d'empêcher de fumer dans les rues et de prévenir les incendies, qui circulent. Ils se tiennent éveillés en frappant à diverses reprises un morceau de bois sur leur bâton.

---

1. Les employés des gares portent un grand tablier semblable à celui des prosecteurs de nos amphithéâtres.

L'animation se retrouve dans le quartier des cafés populaires. Sur une assez grande place, un mouvement étrange de gens de toutes les nations, au milieu des accords disparates provenant de tous les cafés du voisinage. Partout, ces établissements sont éclairés à la lampe Edison — les rues sont éclairées au pétrole. — Dans un coin de la salle, se tient l'orchestre aux instruments bizarres, aux sons criards, aux costumes étranges et multicolores. Des danses nationales alternent avec ces symphonies (?) Des consommateurs prennent l'éternel tchaï (thé), au milieu d'une quantité de femmes généralement laides. Dans un coin, une bande de femmes tartares avec leur petit bonnet et leurs bottes brodées : ailleurs des Russes en costume national. En entrant dans ces établissements, la première chose à faire est de se découvrir devant les images saintes ou celle de l'empereur, sans cela on serait vite rappelé à l'ordre.

En regagnant l'hôtel, je passe devant une maison, un bouge plutôt, dont le corridor était éclairé à la lumière électrique. Sur une marche, une mère se livrait sur la tête de sa fille à une chasse qui semblait être fructueuse.

Nous quittons l'hôtel sans regret : on est mal logé, les chambres sont garnies d'insectes désagréables, et l'on paye ce luxe des prix insensés : 10 fr. une horrible petite chambre à deux lits ; et nous sommes seuls dans l'hôtel. Que sera-ce donc dans quelques jours. Le bateau de la Cie Mercure et Caucase est sous pression — il chauffe au pétrole — quelques mouettes, à 2.000 verstes de la mer (2.200 km. environ) voltigent autour de nous. Les rives de la Volga, au moins jusqu'ici, sont ravissantes ; au soleil couchant elles prennent ces tons chauds que j'ai vus l'année dernière en Orient. Il est difficile de rencontrer de plus agréables compagnons de voyage, ils parlent tous français. Le capitaine, ancien officier de la marine impériale, est un jeune homme charmant, que nous quitterons trop tôt, après 24 heures de traversée. Sa femme et sa fille l'accompagnent dans ses voyages ; un officier russe qui partage son thé avec nous et enfin une charmante petite femme que l'on n'aperçoit que de loin en loin. Pendant que je vous écris, elle prend son thé. Alternativement elle plonge sa cuiller dans le liquide bouillant et dans un pot de confitures placé devant elle. Voilà encore une occasion où je regrette de n'être pas peintre, car je ferais, pour le prochain Salon, un ravissant sujet de genre, qui aurait incontestablement un succès énorme.

Tout le bateau est éclairé à l'électricité. Mais ce qui est étrange, c'est que dans les cabines on ne fournit les draps de lit que moyennant un léger supplément. La femme du capitaine vient de commander de nous mettre des draps, et le gros D... qui décidément aime beaucoup ses aises revient me dire que « mettre un drap, » cela veut dire tout simplement mettre un drap. En effet, sur la couchette de velours rouge, est étendu un simple drap. Mais je le rassure en lui expliquant qu'avec un seul drap et sa couverture de voyage il pourra faire un excellent portefeuille. Quand j'aurai pris une dernière tasse de thé, j'irai voir si mon conseil est bon. Il se fait tard et nous arrivons demain à Kazan à la première heure.

Chacun fournit son thé, son sucre. Le cuisinier apporte la théière et le samovar, et l'on fait soi-même sa petite cuisine. Je ne parle pas de la table, qui est excellente.

Dr PAUL AUBRY.

J'oubliais de vous indiquer la façon dont on compte le nombre de personnes qui viennent à la foire. Elle est un peu primitive et très-approximative : on oblige les boulangers à déclarer le poids du pain qu'ils ont vendu pendant cette période ; d'après cela on calcule le nombre de voyageurs venus.

III

Mer Caspienne, 10 Août 1887.

A bord du « Caspie. »

Mon cher Directeur,

Je finissais, si j'ai bonne souvenance, ma dernière lettre mise à la poste d'Astrakan (1), en vous parlant de l'analogie qui existe entre le désert d'Afrique et certains points des rives de la Volga, et je disais que malgré soi on cherchait des palmiers et des chameaux. La seconde partie de ce vœu ne devait pas tarder à être réalisée, car nous apercevons bientôt, sur la rive gauche, celle qui n'a, dans ses points, aucune analogie avec le désert, un troupeau composé de vaches et de chameaux. Ces animaux ne sont pas d'ailleurs très-rares dans cette région, car les caravanes d'Asie vont jusqu'à Astrakan, qui n'est desservi par aucun chemin de fer, et poussent même jusqu'à Saratof et Samara.

Dans le lointain les clochers blancs d'Astrakan colorés en rose par les derniers reflets du soleil couchant, se détachent à peine de l'immense plaine qui les entoure. Cependant un officier des Cosaques d'Astrakan, au moment où le bateau est sur le point de s'arrêter, s'approche de nous et nous dit qu'il est heureux de saluer des Français. Il nous apprend que dernièrement ses camarades ont envoyé une épée d'honneur au général Boulanger. Nous sommes fiers de recevoir ainsi ces témoignages d'estime pour notre pays.

Une première visite faite le soir à Astrakan, les pieds dans la poussière et aux faibles lumières du pétrole — Moscou est la dernière ville que nous ayons vue éclairée au gaz et nous ne le retrouverons qu'à Odessa — ne nous donnant

____
(1) Cette lettre n'est jamais parvenue à sa destination-

qu'une faible idée de la ville, nous nous faisons conduire en droski au jardin public, espérant y rencontrer le « tout Astrakan ». Nous avons joué de malheur, c'était un samedi, et ce jour-là, pour se préparer au dimanche, les Russes ne se rendent pas dans les jardins — dans cette ville du moins.— Nous nous sommes promenés seuls, au milieu d'horribles plaques de zinc, ayant la prétention de représenter des statues, et qui sans doute se demandaient avec effroi quels étaient ces quatre étrangers assez audacieux, pour oser venir troubler ainsi leur repos hebdomadaire.

Le lendemain, à la première heure, le directeur des bains minéraux venait nous prendre. Un petit vapeur nous transportait sur l'autre rive, où nous attendait un omnibus qui, à travers la steppe, nous a conduit à l'établissement. La route est facile à tracer dans la steppe, cependant elle est le plus souvent tortueuse. Quand il y a trop de fondrières sur la voie suivie, on prend tout simplement un chemin parallèle. Quelques aigles planent au-dessus de nous, des corbeaux aux ailes noires et au corps gris s'envolent à notre approche. Les bains sont analogues à nos bains de Salies-de-Béarn et Salins. Un petit lac salé les alimente. On y prend en même temps des bains de boue, comme à Dax. Il n'y a rien de curieux comme ces hommes barbus, couchés dans une boue épaisse, noire, la tête seule émergeant. On pense à quelque momie, ou à quelque brûlé. Vous avez vu dans tous les journaux amusants une caricature, qui revient périodiquement à l'époque des bains de mer : une présentation en costume de bain. Accompagnés du médecin nous pénétrons dans la cabine d'un monsieur qui s'apprêtait à entrer dans la boue : c'était un professeur de l'Université de Kazan. Nous avons, séance tenante, été présentés l'un à l'autre.

L'appétit est aiguisé par ce voyage matinal, par l'odeur saline des bains; nous dévorons à belles dents un de ces excellents biftecks, comme les Russes savent si bien les faire. Près de nous une jeune femme Russe, au fin visage slave, parlant le français le plus pur, quoique jamais elle ne soit venue en France ; plus loin une vieille parlant aussi correctement, mais avec un fort accent marseillais. Nous remontons dans notre omnibus pour aller visiter un village Kalmouck.

Comment existe-t-il un certain nombre de villages Kalmoucks près de l'embouchure de la Volga ? Comment retrouve-t-on pur, dans cette partie de la Russie, ce type qui existe dans les montagnes du Thibet ? Comment la race Mongole s'est-elle transportée ici avec son costume, ses mœurs, sa religion ? Ce sont là autant de points que je laisse à éclaircir par de plus compétents. Le long de la Volga j'ai remarqué une dizaine de villages kalmoucks. Le plus important est situé sur la rive gauche à une cinquantaine de verstes environ au nord d'Astrakan. Au milieu d'un grand nombre de huttes s'élève une pagode avec des colonnes ; c'est la capitale religieuse de ces tribus. Près des bains cinq ou six tentes servent aux serviteurs de l'établissement qui sont tous de cette race, même ceux chargés du service des voitures.

Accompagnés du directeur de l'établissement des bains, que je ne saurais trop remercier de son accueil bienveillant et de la grande amabilité qu'il a mise à nous piloter pendant toute une journée, nous nous sommes rendus chez le gouverneur de Kalmoucki-Bazar, un russe, le maire du village en quelque sorte. Très-grâcieusement il se mit immédiatement à notre disposition et avertit les prêtres, que nous voyons bientôt paraître en robes de soie jaune ou rouge, se rendant vers leur pagode. Extérieurement, elle rappelle les pagodes hindoues, mais elle est fort simple et sans aucun ornement. A quelques pas de cette pagode se trouve une petite chapelle pour les prières ordinaires ; elle renferme quelques images de Boudha, et un ou deux moulins à prière.

La pagode elle-même se compose d'une entrée et de l'église proprement dite. Sur les murs sont disposées des images de Boudha ; dans les coins, des étagères contenant des livres saints ; au plafond, des dais. Dans le fond de la pièce, une table ronde recouverte d'une nappe. Tout autour, dans de petits vases en argent,des grains de blé ou d'orge, offrandes au dieu. Devant chaque vase, un parasol; de chaque côté de la table, un énorme moulin à prière. Il se compose d'un cylindre sur lequel sont peintes des prières. On le met en mouvement au moyen d'une vulgaire manivelle. Dans certaines circonstances,lorsque l'on veut invoquer Boudha, on tourne la machine et la prière se trouve toute faite. Moyen aussi simple que pratique.

Les prêtres se mettent, accroupis comme les turcs, sur deux rangées, se regardant. Le chef a des cymbales, deux d'entre eux des conques, deux des trompettes, rappelant celle d'Aïda, et enfin les deux plus jeunes, des grosses caisses montées sur un pied. Le chef donne quelques coups de cymbales. En même temps, sur un rythme aussi étrange que peu harmonieux, tous les autres prêtres se mettent à jouer, entremêlant le son de leurs instruments de prières bizarrement modulées. Lorsque nous sentons que nos oreilles sont suffisamment écorchées, nous nous retirons, après avoir regardé encore les boudhas ventripotants, et avoir fait notre offrande au dieu, sous une forme moins platonique que les quelques graines, à lui offertes par ses fidèles.

Tout autour, le long de la Volga, sont les tentes : elles sont uniformément construites. Ces tentes ont environ 4 mètres de diamètre, elle sont rondes et faites avec des tringles de bois peintes en rouge. Ces tringles se réunissent de façon à former des losanges. Ce treillis s'élève à environ 1 m. 50 du sol. La tente est fermée en haut par un cône, dans lequel à la partie centrale a été aménagé un orifice pour laisser passer la fumée. Le tout est recouvert d'épaisses feuilles de feutre. L'intérieur est très simplement meublé : au milieu une marmite placée sur un foyer fait en terre séchée ; d'un côté une planche servant à mettre quelques vulgaires objets de ménage; d'autre part un ou deux lits durs, souvent une malle peinte en couleur voyante comme les autres meubles; et enfin une image de Boudha soigneusement roulée. Dans l'une de ces tentes un crapaud fuit à nôtre approche. Nous ne savons si c'est un hôte familier.

Vous connaissez le type mongol, je ne vous le décrirai pas. Il est difficile au premier abord de reconnaître une femme d'un homme, si ce n'est peut-être par la plus grande laideur du beau sexe. Les énormes boucles d'oreille, portées par les uns et les autres ne peuvent servir à les différencier. Une femme, moyennant quelques kopecks, a bien voulu me céder les siennes.

Ce qui m'a étonné, c'est de retrouver ici la même coiffure que j'ai vue, il y a deux ans, en Laponie, sur la tête des indigènes : une sorte de bonnet carré, dont l'extrémité supépérieure est plate, et l'extrémité inférieure garnie de fourrure. Quant au costume, il ressemble plus ou moins à celui des orientaux.

Après avoir visité plusieurs tentes, fait quelques achats, nous traversons un petit bois rempli d'une multitude de sansonnets et nous prenons un bateau qui doit nous faire regagner Astrakan. Un kalmouck rame, et un petit kalmouck de quatre à cinq ans tient la barre avec une dignité vraiment amusante. Il est convaincu de la gravité de la mission qui lui est confiée. Ils portent presque tous, suspendue sur leur poitrine, une amulette enveloppée dans un peu d'étoffe. Les enfants, outre ces amulettes, en portent attachées à leurs cheveux. Notre petit pilote en a trois, une qui lui tombe sur le front, et une devant chaque oreille. Je ne parle pas des boucles qui ornent ses oreilles.

Malgré ses eaux jaunes, la Volga est trop tentante pour ne pas s'y jeter, nous nous débarrassons vite de nos vêtements, et plus vite encore nous barbottons comme quatre canards dans l'eau. Le bain pris, nous entrons dans une auberge, où l'on nous sert de la bière, accompagnée, suivant l'antique usage, de pain et de sel, puis du lait bouilli et presque glacé dans des alcarazas.

Astrakan est une ville peu curieuse pour le touriste. Les murs du Kremlin ont été en partie démolis et remplacés par d'affreuses maisons modernes. Dans l'intérieur je visite une fort belle cathédrale, dont je ne puis déterminer, même très-approximativement, ni le style, ni l'époque. En face du kremlin il existe un petit bazar, peu intéressant, ressemblant beaucoup plus au Temple qu'au bazar de Constantinople. Non loin de là, les boutiques des Persans : thé, caviar, étoffes, vêtements. Nous sommes fort étonnés de rencontrer chez eux tout ce qu'il faut pour établir une tente de Kalmoucks, il ne reste plus qu'à la fixer au sol.

Ces marchands persans sont remarquables à voir : grands, basanés, avec une belle barbe noire, quelquefois teinte en rouge par le henné ; leur tunique serrée à la taille par une riche ceinture d'argent niellé ou même d'or, et surtout leur bonnet d'Astrakan.

En déjeunant, nous sommes, par malheur, servis par un garçon qui parle un peu français ; il nous offre comme dessert du fromage suisse. — Ah ! oui, un suisse avec du sucre, s'écrie le gourmet de la bande. Le suisse arrive bien, mais c'était du gruyère accompagné de sucre.

Astrakan est à six heures de la mer Caspienne. Il faut, à cause du peu de profondeur du fleuve, un bateau spécial pour descendre. Les rives sont absolument plates, quelques tentes de Kalmoucks, quelques pêcheries, des roseaux, des oies sauvages, des cygnes. Mais le fleuve devient immense, nous avons presque perdu la terre de vue, et nous nous croirions en pleine mer, si des bouées ne nous indiquaient la route à suivre, et surtout si de temps en temps, à l'avant, un matelot ne mesurait le fonds avec une longue perche. La navigation est très difficile à cause du peu de profondeur du lit du fleuve.

Au loin nous apercevons une forêt de mâts. C'est une véritable ville flottante, qui marque l'entrée de la mer Caspienne. Sur plusieurs bateaux, amarrés au fond, habitent quelques personnes, entre autres le capitaine du port, et la terre, je le répète, est presque à perte de vue. Là nous trouvons le bateau qui doit nous emmener à Bakou : le transbordement se fera en pleine mer.

Je ne connais rien de curieux au monde comme le pont d'un navire en Orient. Là sont couchés pêle-mêle, entassés, hommes, femmes, enfants, costumes européens, costumes orientaux; à côté de la toile à matelas vulgaire, quelques coins de ces beaux tapis du Daghestan. Et tout ce monde dort, mange, sans presque sortir de sa place. Sur un tas de malles, entre deux caisses, un paquet de linge sale : pas du tout, c'est une femme qui a profité de ce petit coin pour s'étendre dans une position invraisemblable. Le samovar fraternise avec le bidon de fer blanc et la cruche de terre. Le thé, l'eau, les pastèques, le pain, tout cela se mélange d'une façon indescriptible.

Et la toilette ! Il y a là tout un monde, et des procédés que je ne recommande pas aux jeunes mères qui me feront l'honneur de me lire. Une femme tient dans ses bras son enfant à la mamelle. Elle boit à même de l'eau dans une cruche, vous croyez peut-être que c'est pour se rafraîchir, c'est plutôt pour tiédir légèrement l'eau. En effet un instant après un jet puissant sort de sa bouche et se dirige vers sa main, puis elle nettoye la figure de son bébé ; sa robe sert à essuyer le tout.

Parmi les passagers des premières je noterai un colonel russe, accompagné de sa femme, et de sa fille, qui sort de l'institut. Ils se rendent au delà de Samarcande dans l'Asie centrale, où le père est gouverneur d'une ville. Je n'ai pas besoin de vous dire qu'ils parlent tous admirablement le français.

Nous voguons sur une mer admirable. Les flots sont verts et dans le lointain se dessinent les derniers contreforts du Caucase. Petrowsk et Derbend sont deux villes assez curieuses que nous ne pouvons pas visiter, n'y restant que quelques minutes, et jetant l'ancre à une grande distance de la ville.

Ce soir nous arrivons dans la nuit à Bakou, et après demain dans la journée, après 20 h. de chemin de fer. à Tiflis, centre d'excursions dans le Caucase. De la mer Noire je vous écrirai de nouveau.   Dr PAUL AUBRY.

IV

Mer Noire, en vue de Batoum.

Mon Cher Directeur,

Doit-on dire « deux heures sonnantes » ou « deux heures sonnant ? » On doit dire « deux heures sonnant, parce qu'il y a action. » Telle est la petite leçon de grammaire que nous avons reçue sur la mer Caspienne. Je ne sais plus à quel propos nous avions cette discussion avec la femme de ce colonel, qui se rend à Ferganah, lorsque sa fille a tranché la difficulté. Cependant, disait-elle, elle ne savait pas assez le français pour soutenir la conversation, n'ayant eu que très rarement l'occasion d'employer cette langue avec ses compatriotes et ne l'ayant entendu parler qu'au théâtre Michel de Pétersbourg. Aussi nos conversations lui rappelaient-elles les acteurs du théâtre français russe. J'ai rarement rencontré une famille plus sympathique : le colonel, grand, bel homme, les cheveux blancs coupés courts, la barbe également blanche, taillée en éventail. Toute cette physionomie exprime un air de bonté difficile à imaginer. Sa carrière militaire s'est presque tout entière passée en Sibérie et dans les nouvelles conquêtes de l'Asie centrale. Il vient de retirer sa fille de l'Institut de Saint-Pétersbourg. Il ne l'a pas vue depuis sept ans. C'est un plaisir de voir de quels soins il l'entoure. Il n'est pas de petites attentions qu'il n'ait pour elle. C'est ce colonel qui a reçu avec tant d'affabilité la mission française Bonvallot, Capus et Pépin.

La colonelle ne lui ressemble en rien. Fort belle femme, grande, elle a les extrémités d'une finesse invraisemblable. Lorsqu'elle vous tend la main, on est étonné de sa petitesse. Fort instruite, elle a des idées arrêtées sur tout : elle nous a parlé d'économie domestique et politique, de politique internationale, du rôle de la femme dans la société, dans la famille, de l'instruction exagérée que nous donnons aux jeunes filles, et tout cela avec un bon sens, une justesse d'esprit et souvent une profondeur incroyable ; toujours avec un charme indicible.

La fille ressemble d'une façon frappante au père, et elle semble avoir les idées et les allures de la mère. Je dis « elle semble », car sa timidité et sa retenue l'ont empêchée de parler avec nous, comme nous l'eussions désiré. Un soir nous causions avec la colonelle du joli costume que portent les femmes de la Petite Russie. Le lendemain sa fille apparaît avec ce gracieux costume, plus charmante encore. C'était quelques heures avant notre départ, nous descendons à Bakou, et ils continuent leur route en traversant la mer Caspienne vers l'Est. C'est avec une véritable peine que nous serrons la main de ces excellentes gens, que nous ne reverrons sans doute jamais.

Souvent ils reviennent dans nos conversations, et ces belles soirées sur la mer Caspienne ne resteront pas pour nous un des moindres charmes de notre voyage.

A Bakou existait, il y a quelques années encore, un temple où le feu était adoré. Un prêtre indien y a même été envoyé à plusieurs reprises. Aujourd'hui le principal culte des habitants est celui du commerce. De loin, la ville avec ses toits plats, bâtie en amphithéâtre, sur des collines arides, sous un soleil de plomb, rappelle Athènes, sans l'Acropole.

Plusieurs milles avant d'arriver on en est averti par la forte odeur de pétrole qui vous saisit et ne vous quitte plus. L'une des grandes curiosités de Bakou, que malheureusement nous n'avons pu voir, est l'incendie du lac. Des profondeurs de cette masse d'eau se dégagent des émanations gazeuses combustibles ; d'autre part, l'eau est toujours couverte d'une certaine nappe de pétrole : il suffit d'y jeter une allumette, pour que toute la surface s'enflamme instantanément. Ce qu'il y a de plus étrange c'est qu'on peut se promener impunément en bateau au milieu de cette mer de feu.

Dans le sous-sol de Bakou, se trouvent plusieurs nappes de naphte que l'on extrait au moyen de puits artésiens. Rien de curieux comme la vue de ce pétrole qui sort des tubes en bouillonnant. A ce moment, il est recouvert d'une mousse rouge : on le croirait volontiers en feu. A sa sortie il est très impur, on le dirige au moyen de tuyaux de fer vers les usines à distillation. C'est de là qu'il est livré au commerce à des prix très infimes. On fera bien de se munir pour visiter « la ville noire » de vêtements sacrifiés, car quelques précautions que l'on prenne, on est sûr de recevoir une véritable pluie de gouttes de pétrole.

La ville noire est située à environ huit verstes de Bakou, la route est à peine frayée et traversée à chaque instant par les conduites de pétrole. A notre retour, par une chaleur terrible, nous avons été pris par un orage de poussière. Il ne nous restait que très peu de temps pour flâner dans le quartier persan ; nous laisser tenter par quelques babouches ou, autres bibelots et voir en passant un joli minaret, style arabe la seule curiosité archéologique que l'on puisse signaler dans la ville du feu.

De deux heures de l'après-midi à huit heures du matin en chemin de fer, par une chaleur sénégalienne, pour faire 514 verstes, c'est-à-dire une distance moindre que celle de Paris à Brest, avouez que c'est long et peu tentant. Mais enfin ce sont les inconvénients du voyage et il faut s'y soumettre. Nous traversons de grandes plaines complétement dénuées d'intérêt. Au loin quelques montagnes arides s'élèvent brusquement ; on n'aperçoit à l'horizon, ni grands pics, ni cimes élevées. Ces plaines seraient très fertiles si elles étaient cultivées, mais le plus souvent elles sont incultes. Nous traversons un grand nombre de ponts passant sur des torrents à sec. Un orage, que nous ressentirons dans quelques jours, va grossir ces torrents et les faire briser un pont et presque

arrêter la circulation du chemin de fer. Sur les fils télégra-
phiques nous remarquons un grand nombre d'oiseaux au
brillant plumage ; ce sont des perroquets du Caucase.

La chaleur est presque insupportable. Pour l'atténuer un
peu j'adopte la chemise russe, qui sert à la fois de chemise
et de veste. Je crois cette tenue parfaitement convenable
pour descendre dans les buffets. Il paraît qu'il n'en est rien,
quoique la plupart des Russes soient habillés ainsi, car un
alguazil me fait sortir, mon dîner non encore terminé. On
m'explique plus tard que ce costume est autorisé seulement
dans le buffet des troisièmes classes.

De loin on aperçoit Tiflis à la base de collines élevées.
Sur quelques points très élevés des églises blanches se détachent. La ville contient un grand nombre de jardins, qui
lui donnent un aspect des plus remarquables. Nous arrivons enfin. Un excellent phaéton nous transporte à l'hôtel du Caucase, tenu par une Marseillaise, pur sang. Mais
nous n'avons pas de temps à perdre, dès demain nous voulons faire une grande excursion dans le Caucase, et pour
cela il nous faut des renseignements, des permis de circulation, etc. Le consul aura donc notre première visite, visite
très intéressée. Il se met de suite avec une bonne grâce parfaite à notre disposition, nous facilite toutes nos démarches,
et devient notre pilote. Je ne saurais trop remercier M.
Eychenne de la complaisance avec laquelle il nous a servi
de cicérone : ce ne sera pas un des moins bons souvenirs
que nous emporterons de Tiflis.

Dans ma première lettre, en vous faisant mon itinéraire,
je vous ai raconté comment l'agence Cook nous avait plagié,
mais ce que je ne vous ai pas dit, de peur qu'ils n'aient le
temps de faire une rectification à leur voyage, c'est qu'elle
nous a plagié très servilement : l'excursion dans le Caucase n'était pas indiquée dans les renseignements que je
leur demandais ; dans leur voyage il ne la font pas. Ils ne
savent pas ce qu'ils perdent.

De Tiflis à Vladicavcase (versant nord) il y a une superbe

route de poste. Mais pour avoir des chevaux aux relais, il est nécessaire de se munir d'une *podorojna*. A chaque station, sur la présentation de cette pièce, on met à votre voiture le nombre de chevaux nécessité par la route, de deux à six. Nous louons à Tiflis une sorte de tapissière. Le consul nous offre gracieusement son petit domestique : un Prince mingrélien, s'il vous plaît — ils sont tous princes ici — : Sous son bonnet d'Astrakan, avec une sorte de robe de soie bleue, son grand pardessus gris avec les tubes à poudre sur la poitrine, sa ceinture d'argent niellé, son grand poignard, son revolver, il a, ma foi, fort bon air. Tout étant préparé pour le lendemain, il ne nous reste qu'à visiter la ville, et, avant tout, pour nous délasser un peu, prendre un de ces excellents bains turcs, que je retrouve toujours avec plaisir. Ceux-ci sont alimentés par une eau sulfureuse thermale naturelle. Nous nous dirigeons ensuite vers le bazar. Sur la route, au-dessus d'un torrent sur une colline taillée à pic, on aperçoit à des hauteurs invraisemblables des maisons, presque toutes en balcon, dominant la rivière. On croirait voir des nids d'aigles.

Quelle merveille que la boutique d'un marchand de tapis en Orient! Il faut avoir un caractère bien ferme pour ne pas se laisser tenter par ces riches couleurs, par ces teintes admirables, On se laisserait volontiers aller à n'acheter que des tapis pour tout mobilier, et à abandonner dans les mains du marchand persan le fond de son porte-monnaie. En sortant je rencontre un autre persan qui vend dans la rue quelques bibelots : nous essayons de discuter le prix et il finit par nous dire en russe : « Je ne parle pas le russe. — Ni moi non plus, » ai-je ajouté en français. A côté : des marchands de fruits, d'étoffes, d'armures, de faïences, toutes ces richesses des pays du soleil que l'on ne peut voir sans les envier.

Nous trouvons dans la rue plusieurs troupeaux de vaches ; elles rentrent à leur demeure à heure fixe, sans maître, et ne se trompent jamais. Le soir nous assistons à des danses du pays. Un jeune homme en costume national se présente

devant une jeune femme en faisant un pas assez compliqué.
Après quelques minauderies celle-ci se lève, le jeune homme
la suit, et jamais ils ne s'attrapent. Mais ce qu'il y a de plus
curieux, c'est le pas de la femme : ses pas sont si petits et
si précipités, qu'elle a l'air de patiner ou de marcher sur des
roulettes, elle glisse littéralement et avec une grâce et une
prestesse dont on peut se faire difficilement une idée.

Le matin nous partons dans notre tapissière, à la première
heure, pour Vladicavcase, le Prince est sur le siége à côté
du conducteur, nos quatre chevaux sont attelés de front,
sans œillères. La voiture n'a ni mécanique, ni sabot. Nous
mettrons deux jours à parcourir nos 200 verstes, environ
214 kilom. La première partie de la route n'offre pas grand
intérêt. La route est très-accidentée, les vues sont superbes,
mais nous voyons à peu près les mêmes panoramas dans
toutes les montagnes. Lorsque la côte doit être pénible, on
attelle en avant deux chevaux montés par un petit postillon.
Ces petits chevaux ont une allure très rapide et dévorent
littéralement le chemin. La première station sur la Koura
est remarquable par deux églises romanes, dont l'une est
fort belle, extérieurement du moins. La plus grande est flan-
quée de deux églises toutes petites : c'est la station de
Mtskheta. Plus loin, à Dushet, est une ville fortifiée, à mi-
coteau, carrée, ayant fort bon air. Autour se sont élevées
quelques constructions qui font perdre un peu de leur cachet
à ces murailles. A Ananur c'est l'église seule, église romane,
qui est entourée de murs crénelés. Je ne parle que pour mé-
moire d'une infinité de petits postes d'observation placés
tout le long de la route. Une grande quantité de villages
fort pauvres se rencontrent dans cette vallée, quelques-
uns sont perchés à des hauteurs vertigineuses. Les maisons
n'ont qu'un rez-de-chaussée, recouvert de terre. Si elles sont
en bois, elles sont formées de deux parties, la maison proprement dite, et une grande vérandah, ouverte au vent de
trois côtés, quelques-unes sont taillées dans la montagne
même.

Mais voici nos malheurs qui commencent avec cette terrible podorojna, plus indispensable au voyageur que les roubles eux-mêmes. A Kobi par erreur, on rend au Prince une autre podorojna. Celui-ci n'y fait pas attention et nous partons. Cet échange était d'autant plus fâcheux que notre papier était bon pour l'aller et le retour et qu'il avait été payé en conséquence. A Kobi, le smatriel (maître de poste) s'aperçoit de l'erreur, mais nous donne cependant des chevaux. A Kasbeck, nous croyons qu'avec le papier provisoire qui nous a été délivré cela va marcher tout seul. Nous attendons, les heures passent, on ne veut pas nous donner de chevaux, nous cherchons en vain notre Prince circassien qui a disparu, nous finissons par découvrir un monsieur qui parle français et nous lui exposons nos malheurs : plus de podorojna, plus de chevaux, plus de circassien ; rien que les valises, la voiture et nous ! Ceci fut exposé avec un ton si lamentable, qu'un immense éclat de rire s'en suivit. Nous en donnâmes l'exemple. Enfin, à force de chercher, je trouve le Prince au bureau de télégraphe devant des mètres de dépêches. De Gudaour on avait enfin télégraphié, et jusqu'à Vladicaucase il n'y eut presque plus de difficultés.

De Kasbeck où nous sommes on doit aller visiter un point d'où l'on voit se dérouler une grande partie de la chaîne du Caucase, le glacier de Kasbeck, et le Kasbeck lui même. Mais le temps est couvert et nous mettons au retour ces excursions, ou partie de ces excursions. On verra si nous avons été bien inspirés. A partir de cette station on entre dans les gorges du Dariel, les anciennes portes caucasiennes. C'est une vallée avec des montagnes à pic, à perte de vue vers le ciel. La vallée se resserre peu à peu, au point que bientôt il n'y a plus place que pour le torrent qui roule dans le fond ses eaux boueuses et pour la route taillée dans le roc, à mi-côteau. Cette vallée est très-tourmentée et fait des coudes brusques, de telle sorte, qu'à certains moments, on ne voit aucune issue à ce chemin, on se croit emprisonné de toutes parts, et les chevaux vont à fond de train.

Plus loin la vallée s'élargit un peu et l'on rencontre le fort du Dariel. Ce passage a été illustré par différents faits d'armes pendant les guerres du Caucase. A l'un des points où la route est très étroite, une voiture cherche à nous devancer en passant entre le rocher et nous. Elle prend mal ses mesures, car une de ses roues est arrêtée par la pierre. Si son essieu avait rencontré le nôtre, peut-être eussions-nous été précipités dans la vallée, mais peu leur importait, ils avaient besoin d'arriver avant nous. Cependant ils n'ont pas derechef tenté de nous dépasser. Ils sont arrivés à Balta, la dernière station, un instant après nous, et ils se sont débrouillés de telle sorte, qu'ils ont eu immédiatement des chevaux pendant que nous attendions.

Vladicavcase ne mérite, à aucun point de vue, d'être signalé. Nous avions hâte d'en repartir afin de voir au soleil couchant ce magnifique passage du Dariel. Nous étions obligés de revenir par le même chemin, mais la route vaut bien la peine d'être faite plusieurs fois. A l'extrémité d'une petite vallée, dans laquelle coule un torrent boueux, s'élève majestueux le sommet du Kasbeck, tout couvert de neige. Nous arrivons de bonne heure à la station, nous devons en repartir de très bon matin pour faire deux excursions. Le lendemain les nuages nous empêchent de faire la première, mais nous voulons faire la seconde, aller jusqu'au pied du Kasbeck, et voir le glacier. Un guide et des chevaux nous font attendre assez longtemps. Pendant ce temps nous nous apprêtons à manger le déjeûner substantiel que nous avions commandé la veille, prévoyant que nous ne pourrions rien reprendre avant quatre ou cinq heures de l'après-midi. Ce déjeûner se trouve, comme par miracle, transformé en... une omelette, aux confitures. Cependant nos quatre estomacs ne lui ont pas fait grâce. Je trouve dans un coin quatre œufs que nous faisons cuire, puis disparaître dans les profondeurs de nos poches. Vous devinez, n'est-ce pas, que ces œufs n'ont été cuits qu'à moitié et qu'ils feront une seconde omelette.

Enfin les petits chevaux du Caucase sont dans la cour de
la station, et, non sans une certaine appréhension, nous les
montons. Sur quatre, nous sommes deux cavaliers absolument déplorables, et deux qui ont presque des prétentions,
je ne dirai pas à l'élégance, mais à la solidité. Sans vouloir
faire mon éloge, j'avouerai que j'appartiens à la première
catégorie. Nous avons 32 verstes à faire, c'est-à-dire, à peu
près 35 kilomètres, et c'est beaucoup pour des écuyers de
notre acabit. Nous descendons, d'abord au grand trot,
souvent au galop, cette magnifique route en lacet que
nous avons montée la veille au soir. Bientôt nous sommes
arrêtés par une centaine de chameaux que nous avions
aperçus le jour précédent dans une prairie. Ils sont conduits
par des turcomans. Ce n'est pas petite affaire de traverser
cette masse qui s'assemble comme des moutons, mais qui
ne craint pas, à l'occasion, de donner un coup de dent. Nous
sortons sans encombre de cette mer mouvante et ondulée,
et nous reprenons à fond de train notre descente. Nous sortons de la route, et nous rencontrons deux pauvres cime-
tières : les tombes sont recouvertes de cailloux roulés, et en
tête est plantée une plaque de schiste.

Mais voici la véritable ascension qui commence, par un joli
petit chemin, où deux chevaux ne pourraient pas se trouver
de front. Le rocher partout, à peine quelques herbes. Les
nuages en haut, mais nous espérons qu'ils vont disparaître.
Ce chemin est vraiment terrible, le plus souvent il est
taillé à pic, et du haut de notre monture nous voyons le vide
à des distances, que je n'ose pas évaluer, des tournants
brusques sur ces précipices rendent la situation absolument
émouvante. Le Kasbeck s'obstine à cacher son sommet dans
les nuages, et bientôt, à mesure que nous montons, nous
sentons quelques goutes de pluie. Nous apercevons une
cabane fermée, nous laissons nos chevaux à la porte et nous
avançons vers le glacier.

Mais les gouttes de pluie se changent en un véritable
orage : la grêle tombe avec rage nous piquant les mains et

nous glaçant. Nous entendons sur le glacier des avalanches
de pierres et nous marchons toujours. Une pierre tombe
sur la tête de l'un de nous, puis une seconde, cependant nous
ne reculons pas encore. Nous avons déjà traversé un petit
glacier et plus loin, un torrent, qui ne contient qu'un filet
d'eau ; mais, à côté, se forme un autre torrent d'une boue
épaisse, grisâtre, le traverser est facile maintenant en s'y en-
fonçant jusqu'à mi-jambe. Mais le retour sera-t-il possible ?
Les pierres continuent à tomber sur nous, décidément nous
reculons. A ce moment, comme pour sanctionner notre départ, un énorme coup de tonnerre. Nous revenons vers la
cabane, qui a été ouverte pendant notre absence. Nous y
faisons du feu pour essayer de sécher nos habits, mais c'est
un de ces feux, qui ne chauffe pas, qui ne sèche pas. Nous
partageons les deux œufs sauvés de la bagarre, nous
essayons de manger une pastèque. L'un de nous s'est couvert de la peau de bique du berger, mais bientôt reconnais-
sant qu'il n'est pas le seul à l'occuper, il la quitte. Et nos
vêtements qui ne sèchent pas ! Le berger, cependant, a dé-
croché son violon, d'une forme et d'une construction bizarres, il a beau le mettre au feu pour sécher la peau qui sert
de table d'harmonie, l'humidité est plus forte et l'instru-
ment reste rétif. Tenté par cette bizarrerie, je veux le lui
acheter, mais c'est le compagnon de sa solitude, le pauvre
n'a que lui « adin » (1) et il lui sert à s'endormir. On nous
présente, tout comme en Suisse, un livre sur lequel nous
ne relevons aucun nom français ; nous y mettons nos noms
avec ces mots : Salut à la Russie.

Nos habits ne sécheront jamais, il faut prendre son courage et les remettre, puis remonter sur nos chevaux. L'un
d'eux, surexcité par l'orage, nous décoche un coup de pied.
Heureusement que rien de grave ne s'en est suivi. Nous
partons sous la pluie. Le guide veut nous faire descendre
au trot. Merci ! je trouve la descente déjà assez périlleuse
au pas, puis la fatigue, l'humidité, et, il faut bien l'avouer,

(1) Seul.

quelques courbatures et écorchures m'enlèvent un peu de mon enthousiasme.

En remontant, un troupeau de buffles nous arrête. Quelques vigoureux coups de nos petits fouets, distribués généreusement, nous ouvrent un passage, et nous arrivons à la station, où nous attend le déjeûner substantiel promis pour le matin. Quatre français sont à la station, ils doivent nous rattraper en route. Nous sommes prêts à partir, le maître de poste ne veut plus nous donner de chevaux. Je demande le livre de plaintes. Immédiatement les bêtes sont attelées et nous partons, mais la nuit tombe, et, quoique nous ayons baissé le rideau de la tapissière, nous sommes gelés. Enfin nous arrivons à la station où nous devons coucher, opération qui se fait avec la plus grande célérité. Le lendemain nous ferons les 90 vertes qui nous séparent de Tiflis.

La route est coupée par un grand nombre de torrents. Lorsqu'un torrent a quelque importance on fait un pont; s'il n'en vaut pas la peine, on pave la route à ce point; on l'évase un peu, et l'eau passe sur le chemin. Deux fois nous rencontrons le troupeau de chameaux. Il est encore plus difficile de le traverser en voiture qu'à cheval. Une fois surtout, dans un chemin étroit, le conducteur dut prendre par la bride un des chameaux, la forte tête de la bande, sans doute, pour les faire revenir sur leurs pas. Sans cela, la force d'inertie qu'ils nous opposaient aurait été invincible.

A Tsilkan, deux stations avant Tiflis, on nous annonce qu'il nous faudra attendre nos chevaux deux heures, ce qui nous fera arriver à trois heures du matin à Tiflis. J'ai beau demander le livre de plaintes, et même y barbouiller quelque chose, cela ne fait rien. Ils ne doivent pas avoir de chevaux. Comment occuper, à la tombée de la nuit, dans un endroit où il n'y a qu'une maison, deux mortelles heures? Nous avons joué aux homonymes.

Une voiture arrive, des voix françaises se font entendre. Nous supposons que ce sont nos Français de la veille. Ils tournent un peu autour de nous et finissent par se présenter. Ils sont ingénieurs des mines. Naturellement nous nous connaissons plus ou moins : la famille de l'un d'eux était très liée avec celle de l'un de nous, et j'avais dîné plusieurs fois avec un de ces messieurs.

Le lendemain, une grasse matinée et un excellent bain turc nous remettent en bon état. Il ne nous reste plus qu'à flâner au bazar, nous laisser tenter par les merveilles des marchands persans. Une promenade que nous avons faite au coucher du soleil mérite d'être signalée : c'est le jardin botanique. La seule explication que l'on puisse donner de cette épithète c'est que, à l'instar de tous les jardins, il contient des plantes. Par lui-même il n'offre absolument rien de remarquable, mais il fait entrer dans l'ancienne citadelle d'où l'on voit toute la ville. Du côté qui regarde Tiflis, elle est perchée presque à pic et, de l'autre côté, absolument à pic, elle domine un torrent. Je ne saurais trop évaluer la hauteur, mais il faut vingt minutes pour faire l'ascension.

Dans l'après-midi une forte surprise nous attendait. Rappelez-vous que nous sommes en Russie. La musique militaire joue dans les jardins publics, même ceux qui ne sont pas très orthodoxes, et où l'entrée se paye. Nous étions à nous rafraîchir, lorsque nous entendons successivement : les *Girondins*, le *Chant du départ* et la *Marseillaise*. On serait étonné à moins. Le soir le consul voulut nous faire apprécier les talents de son vatel. Pour beaucoup de raisons, je n'ai jamais goûté la cuisine de ce dernier, mais je doute fort qu'elle fût supérieure à celle du maître-coq du Consulat. Nous étions dix convives : huit Français, le vice-consul de Turquie et l'interprète Géorgien. Je n'ai pas besoin de vous dire que la gaieté la plus française n'a cessé de régner pendant ce repas.

Tout a une fin, même les dîners au consulat, le lendemain nous devions partir de bonne heure. Le train a 1 h. 1/2 de retard, causé par la rupture du pont dont je vous ai parlé plus haut. La chaleur promet d'être terrible et nous ne devons arriver qu'à sept heures du soir à Koutaïs.

Heureusement que nous avons sous les yeux des paysages magnifiques, la route est fort accidentée, la ligne fait des courbes à faire frémir, il y a autant de sinuosités qu'au torrent que nous suivons. Les gorges de Souram sont un des points les plus renommés de ces beaux sites. De l'autre côté de la rivière, court un chemin, mais on a négligé de réparer les ponts, il n'en reste que les arches plus ou moins en ruines. Aussi ne sommes nous pas surpris de voir des charrettes traînées par des buffles traverser la rivière à la nage.

Koutaïs est la capitale de la Mingrélie. L'Hôtel de France est tenu par un Suisse. A une table voisine de la nôtre nous entendons parler français, mais j'aimerais mieux encore entendre le russe, que ce français commun, ordurier, émail_ lé presque à chaque mot de jurons grossiers. L'accent du plus bavard et du plus trivial de nos voisins nous fait penser qu'il est Suisse-Allemand. Dieu l'ait en sa sainte garde !

Il faut aller voir le monastère, d'où l'on a une superbe vue sur l'Elbrouz, pic couvert de neige, ayant exactement la forme d'un pain de sucre. Le chemin très-pittoresque qui nous y conduit, est à peine carossable, et cependant nos quatre chevaux vont à fond de train ; les ponts en bois sont à angle droit avec la route, qui elle-même est très en pente, les planches qui restent sont absolument vermoulues. Il y a un Dieu pour les voyageurs qui reviennent de telles expéditions. Le monastère renferme une fort belle église romane, cou* verte de fresques, dont le seul mérite, m'a-t il semblé, est l'antiquité. Derrière le chœur on remarque une superbe mosaïque.

On nous montre le tombeau du saint roi David, et son anneau, qui pourrait servir de bracelet à une fillette de cinq à six ans. J'ignorais jusqu'à ce jour, que David ait été in-humé à Koutaïs. J'avoue que j'en reste encore fort peu convaincu.

On ne peut pas traverser la Géorgie, la Circassie et la Min-grélie sans parler des belles femmes qu'on y rencontre. Eh

bien ! voilà une désillusion à ajouter à bien d'autres. J'ai
vu dans le Caucase très peu de jolies femmes : se cachent-
elles, ne sortent-elles pas, ou, à un certain âge quittent-elles
le pays ? je n'en sais rien. J'en ai vu quelques-unes
d'absolument remarquables, mais en très petit nombre.
En revanche, j'ai renconté énormement de petites filles
d'une dizaine d'années d'une beauté extraordinaire. Une,
entre autres, sur la route du monastère, est-venue nous
des fruits, qu'elle n'avait pas laissés mûrir et une autre un
peu plus loin. Je ne me rappelle pas avoir vu de plus jolis
types que ces deux fillettes.

De Koutaïs à Batoum, il n'y a rien de remarquable à signaler. Nous sommes empilés dans notre wagon par une
chaleur terrible, nous pouvons à peine nous remuer, chacun
ayant avec lui, outre ses petits bagages, son matelas, son
oreiller et son éternel samovar. On s'entretient beaucoup
d'un vol considérable fait par un prince georgien. Veillons
sur nos portefeuilles ! Nous rencontrons un Français avec
la médaille militaire; il est installé maraîcher à Koutaïs
depuis deux ans. Ses affaires ont l'air de prospérer.

A Batoum, nous prenons le bateau pour Odessa, nous
longerons la Crimée sans nous y arrêter. Peut-être serai-je
obligé de rentrer directement à Paris,(mes amis sont décidés
à le faire), mais je voudrais remonter le Danube. Au cas où
cette lettre serait ma dernière, je vous prie, mon cher rédac-
teur en chef, d'agréer tous mes remerciements pour l'hospitalité que vous avez bien voulu m'accorder dans votre
Revue. Je vous prie de remercier vos lecteurs et de solli-ci-
ter leur indulgence pour ces notes écrites à la hâte par un
homme dont ce n'est pas le métier d'écrire.

Dr PAUL AUBRY.

V

Paris, 9 septembre.

Nous allons, si vous le voulez bien, en quelques lignes, pour ne pas abuser de la patience de vos lecteurs, terminer notre voyage autour de l'Europe. Notre traversée sur la mer Noire semble nous promettre une foule d'agréments : les passagers sont très nombreux. A table les places sont presque prises d'assaut par une foule de promeneurs, qui se rendent aux ravissantes stations de la Crimée. Notre attente a été bien déçue car nous n'avons pas trouvé ici l'accueil que nous avions été habitués à rencontrer sur les autres bateaux. Nous avons été livrés à nos seules ressources, et, dame! quand on arrive à la fin d'un voyage elles deviennent un peu maigres.

Nous allons presque directement jusqu'à Kercht à l'entrée de la mer d'Azov. La ville n'offre rien de bien intéressant et nous la voyons, ou plutôt je la vois seul, car aucun de mes amis n'a eu le courage de descendre à terre, par un soleil tropical. J'avoue qu'ils n'ont absolument rien perdu en restant à bord.

Plus loin Theodosia sur la côte Est de la Crimée. Le quartier russe ressemble à toutes les villes russes, mais le quartier tartare et le quartier turc sont perchés sur une petite colline, d'où nous voyons un splendide coucher de soleil : quelques femmes avec des sequins, à moitié voilées, des enfants en train de se peindre les cheveux au henné : des haillons, de la lumière et quelques beaux types. Dans un petit café turc, nous prenons le délicieux moka, nous n'osons pas fumer le narguileh. C'est l'heure de la prière, le propriétaire du café apprenant qu'il a chez lui des étrangers de distinction abandonne ses salamalecks et vient nous servir. Puisse Mahomet nous pardonner d'avoir éloigné de ses devoirs un de ses fidèles ! Je me suis toujours demandé comment il se fait que dans tous les pays où existent des Mahométans, on

peut, pour quelques sous, dans les établissements les plus infimes, boire d'excellent café, tandis qu'en France et bien ailleurs, on n'arrive jamais qu'à boire une horrible décoction
qui n'a encore de nom dans aucune langue, et que peut-être
à cause de cela on paye fort cher.

Plus loin Yalta et Alupka, le Trouville et le Cabourg de la
Russie. Je ne veux point dénigrer mon pays, mais je dois
avouer que ces stations russes, au point de vue pittoresque,
sont bien supérieures aux stations similaires françaises.
Yalta se trouve au fond d'une petite baie, entourée de collines, mi-partie nues et abruptes, mi-partie boisées et gracieusement ondulées. Près de cette ville se trouve le splendide palais du prince Voronzoff. Une curieuse excursion
consiste à partir de Yalta en voiture, longer la côte, puis
pénétrer dans l'intérieur de la presqu'île, en se dirigeant
vers Simféropol. Cette promenade faisait partie du plan de
voyage que m'avait si gracieusement fait mon éminent col-
lègue de la Société de géographie, M. de Joannès, mais le
temps et le nerf de la guerre nous manquant, à regret nous
avons gagné Sébastopol par le chemin le plus court.

C'est à Sébastopol qu'a eu lieu le dernier combat, rappelant les luttes de la chevalerie. Dans je ne sais plus quelle
rencontre, une compagnie russe et une compagnie française
sont à une très faible distance l'une de l'autre, les soldats
sont sur le point d'en venir aux mains, lorsque les deux officiers se provoquent à un combat singulier. Les troupes font
la haie des deux côtés et suivent ardemment toutes les péri-
péties de ce duel. Les deux capitaines ne tardent pas à tomber l'un et l'autre. On les transporte à l'hôpital, on les étend
sur deux lits voisins, et, spectacle étrange, ces deux enne-
mis acharnés de tout à l'heure, causent entre eux comme
deux frères d'armes. Leur amitié, née de si étranges circonstances, fut de courte durée, car dans leur lutte ils avaient
été tous les deux blessés mortellement.

Un spectacle navrant nous surprend à notre arrivée dans
le port : un navire rentrait, presque en même temps que le
nôtre, bondé de passagers. Une petite canonnière de l'Etat

évoluait dans la rade : une fausse manœuvre, une **impru**-
dence de l'un ou l'autre, je ne sais quoi, toujours est-il qu'en
moins de temps qu'il ne faut pour l'écrire, la canonnière est
coupée en deux, et non moins vite elle disparaît. Les hommes, tous peut-être, ont cependant eu le temps de sauter à
la mer, avant le choc. Nous en voyons une demi-douzaine
qui nagent. Ils ne sont certainement pas blessés. Mais il
nous semble difficile qu'il n'y ait pas eu de victimes dans
cet accident.

Sébastopol est une belle ville neuve, bâtie en amphithéâtre. Nous y remarquons beaucoup de ruines, sans doute
les derniers vestiges de la guerre de Crimée. Il paraît, disent
les philosophes, que des massacres de peuples sont néces
saires de temps en temps au bonheur de l'humanité !

En partant nous constatons encore une fois un trait des
mœurs russes qui semblera bien étrange en France. Autour
de notre bateau nagent deux ou trois femmes venues des
bains voisins. Elles sont dans le plus simple appareil. Personne à bord n'a l'air choqué. En y réfléchissant bien, cette
tenue n'est-elle pas, somme toute, plus convenable, que la
plupart de nos costumes de bains de mer. Qui sera froissé
de la nudité de Vénus de Milo ?

Les premières se sont enrichies d'une fort jolie russe, qui
voyage avec nous depuis Koutaïs (1) ; jusqu'ici elle était aux
secondes ; son mari y est encore. Prochainement elle enri-
chira son pays d'un petit citoyen, mais est-ce bien une rai-
son suffisante pour abandonner son mari, comme un paquet,
dans les classes inférieures ? Mais je m'aperçois que je dis-
cute de choses qui ne me regardent aucunement ; d'ailleurs
s'il y reste, c'est qu'il le veut bien.

Odessa, ville toute moderne, a été fondée au commence-
ment du siècle par le duc de Richelieu. Sa statue, sur une
promenade rappelant vaguement le cours d'Ajot de Brest,
domine un escalier gigantesque et le port. Les rues toutes

(1). J'ai oublié dans une lettre précédente de vous signaler un petit fait
qu intéresse nos compatriotes : près de Koutaïs il existe un grand nombre de vaches bretonnes, qui sont fort appréciées

tirées au cordeau sont fort belles, et toutes plantées d'ar
bres fournissent une ombre précieuse.

A Odessa une grosse déception m'attend. J'avais formé le
projet de remonter en bateau jusqu'à Vienne, ou même jusqu'à Linz, Hélas ! le bateau hebdomadaire est parti la veille,
et je suis condamné à plus de 3000 kilomètres de chemin de
fer. Mes amis se sentent le courage de faire ce long trajet
d'une traite, je vais revenir à petites journées. Cependant
ma première étape sera de 36 heures. Je ne m'arrêterai
qu'à Cracovie, où nous devons nous séparer.

Quelque chose m'a vivement frappé en traversant la fron-
tière austro-russe, c'est l'air de gaieté que prennent subi-
tement les villages autrichiens. D'un côté la tristesse, de
l'autre la joie, et cela pour ainsi dire sans transition, dans
l'espace de quelques kilomètres.

Dans cette partie de la Pologne autrichienne, qui entoure
Cracovie, on retrouve les vieux costumes polonais, qui fu-
rent si populaires en France, il y a quelques années. Cracovie est une ville fort curieuse. J'ai eu la bonne fortune d'y
tomber un jour de marché, ce qui m'a permis d'examiner
à loisir les costumes nationaux. On y voit beaucoup de mo-
numents fort curieux et fort intéressants à visiter.

Décidément les ingénieurs des mines voyagent beaucoup,
nous en avons trouvé quatre dans le Caucase. En quittant
Cracovie je fais un long trajet avec deux autres. Je leur
donne des nouvelles relativement récentes de leurs amis.
On m'avait tellement dit que « le beau Danube bleu » n'é-
tait pas bleu du tout, qu'en arrivant à Buda-Pesth, je l'ai
trouvé presque bleu. Deux villes bien gaies, que ces deux
villes sœurs, reliées par ce splendide pont suspendu. C'est
un autre genre de gaieté que celle qui règne à Vienne, la
ville cosmopolite du centre de l'Europe, mais gaieté bien
communicative.

Avant d'arriver à Munich, le chemin de fer longe le lac
où s'est noyé l'infortuné roi de Bavière. La capitale de la
Bavière, contient un nombre incommensurable de palais,

non pas en pierres, mais en briques recouvert d'un stuc qui
cherche à imiter la pierre. Ces brasseries, ces soldats bava-
rois, si raides, si empesés, voilà bien l'Allemagne telle que
nous l'avons rêvée.

Stuttgard, cette autre capitale d'un petit état voisin, est
une ville également curieuse. Nous passons près d'Heidel-
berg et de Bade Malheureusement il faut rentrer. Bientôt,
non sans un serrement de cœur, nous traversons le Rhin,
et arrivons à Strasbourg, ville aujourd'hui bien germanisée.
En seize ans les Allemands ont fait plus, pour faire quelque
chose de bien allemand de notre vieille ville, dont l'élément
français disparaît tous les jours, que nous en deux cents ans
pour enseigner notre langue.

Quelques heures après nous sommes à Paris. On fera ce
que l'on voudra, mais l'on n'empêchera jamais notre capitale d'être la reine du monde.

Dr PAUL AUBRY.

P. S. Puisque la lettre où je vous racontais mon voyage
de Kazan à Astrakan ne vous est pas parvenue, permettez-
moi en quelques lignes, sans aucune espèce de notes, de ré-
sumer mon voyage. Je vous faisais l'éloge du confort et le
luxe des bateaux de la Cie Caucase et Mecure. En gagnant
ma cabine, le stoïcisme de mon ami, qui après avoir lutté
quelques instants contre des parasites bruns et nauséabonds,
abandonnait la lutte devant le nombre, me fit comprendre
quelle nuit nous allions passer. Et..... et, en effet ! Le lendemain nous avons pu voir Kazan et sa ville Tartare. Le soir
le jardin public regorgeait de monde. Sur un talus, une bande
de petits Tartares, vêtus de brun, de tous les âges et du plus
pittoresque effet.

A Samara, la Volga fait un coude considérable. Près de la
ville se trouvent des établissements où l'on fait la cure des
phthisiques par le lait de jument fermenté, le Koumis. Le
goût en est assez complexe : noisette, acidulé, aigrelet. Il a

d'ailleurs été employé à Paris par le docteur Dujardin-Beaumetz, qui n'en a pas obtenu d'excellents résultats. A Sizran, quelques verstes plus bas, la Volga est traversée par un gigantesque pont de fer. Nous le voyons par un clair de lune superbe, éclipsé en partie par l'ombre de la terre. Le chemin de fer, qui y passe, va au-délà d'Orenbourg en Asie, et est destiné, avec le Transcaspien, à porter un terrible coup à la puissance anglaise dans l'Inde.

A Tzaritzine, la Volga n'est distante du Don que de 75 kil. A partir de ce moment jusqu'à Astrakan la navigation devient très monotone. A un moment nous voyons une colline de sable rouge, qui nous rappelle absolument le désert d'Afrique.

Laval, imprimerie et stéréotypie E. JAMIN, 41, rue de la Paix.

DU MÊME AUTEUR

LES HOPITAUX EN SCANDINAVIE, 1885.

LES HOPITAUX EN ORIENT, (Grèce, Turquie, Égypte), 1887.

LES HOPITAUX DE SAINT-PÉTERSBOURG, DE MOSCOU (en préparation).

LA CONTAGION DU MEURTRE (Etude d'Anthropologie criminelle), 1887.

Laval, imprimerie et stéréotypie E. JAMIN, rue de la Paix, 41.